# Jonas Ribeiro

## O ESTRANGEIRO NO ESPELHO

### Thiago Mazucato
Colagens

DIREÇÃO EDITORIAL:
Marcelo C. Araújo

COMISSÃO EDITORIAL:
Avelino Grassi
Edvaldo Araújo
Márcio Fabri dos Anjos

REVISÃO / EDITORAÇÃO:
Ana Aline Guedes da
Fonseca de Brito Batista
Thiago Figueiredo Tacconi
Érico Leon Amorina

© Jonas Ribeiro é representado pela Agência da
Palavra – Agenciamento Literário e Projetos Editoriais.

Projeto gráfico:
Gledson Zifssak

Colagens de capa e miolo:
Thiago Mazucato

Preparação de originais:
Júlia Vargas Viegas
Vanessa Balula

Revisão:
Denise Katchuian Dognini
Márcia Rizzardi

© Ideias & Letras, 2014.

**EDITORA**
**IDEIAS&**
**LETRAS**

Rua Diana, 592
Cj. 121 – Perdizes
05019-000 — São Paulo-SP
(11) 3675-1319  (11) 3862-4831
Televendas: 0800 777 6004
www.ideiaseletras.com.br

**Dados Internacionais de Catalogação na Publicação (CIP)**
**(Câmara Brasileira do Livro, SP, Brasil)**

Ribeiro, Jonas
O estrangeiro no espelho
Thiago Mazucato, colagens. São Paulo:
Ideias & Letras, 2014.

ISBN 978-85-65893-66-4

1. Ficção — Literatura juvenil
I. Mazucato, Thiago . II. Título.

14-07985            CDD-028.5

**Índice para catálogo sistemático:**

1. Ficção: Literatura juvenil 028.5

Para o compositor
Carlos C. Iafelice.

E para Maria Diva Boechat,
compositora de muitos afetos sinfônicos.

# 1

O despertador toca. O Estrangeiro se assusta. A sua mão procura o pino. Abaixa-o. Ele está com todo o cobertor e a esposa, ao seu lado, dorme descoberta. Provavelmente esteja no vestíbulo do despertar. Há uma informação em seu semblante de que suas pálpebras estão prestes a se abrir, feito cauda de pavão. Ela puxa o cobertor para si e rola para o centro da cama.

Ele se levanta e cobre os pés da esposa. Devagar. Tem uma reunião. E, para vestir o terno, primeiro veste a água. Aproveita e faz a barba embaixo do chuveiro. A toalha ficou distante. Ele sai do box deixando pequenas poças no piso frio. Enxuga-se e escova os dentes. Veste cinto, meias, sapatos. Ajeita a gravata. Ele está pronto, mas o pavão está preguiçoso, adiando a abertura dos desejos inteiros.

Com cuidado, o Estrangeiro abre a porta do quarto das filhas. Elas dormem, a exemplo da mãe. Ele deixa a esposa e as filhas suspensas num varal de sonhos. Irá tomar café na empresa. Pega a pasta e o jornal junto à porta. O elevador, com um perfume insuportável, está vazio. Uma digital engordura o visor de seu relógio. Limpa no forro do terno. Está dentro do horário. Dá a partida no carro e os números deslizam na avenida dos pensamentos. Faróis, trânsito, estacionamento.

Os mesmos papéis, clientes, olhares.

A mesmice tece pequenas variações no tecido cotidiano, uma sonata previsível, escrita para incomodar.

O Estrangeiro é um estrangeiro em seu país.

Em qualquer país ele é um estrangeiro.

Fala a mesma língua e nem sempre o entendem. Há um sotaque entranhado em sua fala. Uma frieza espontânea. Uma distância relativa. Nasceu na terra em que nasceram os irmãos, mas seus pés não sabem ficar descalços. A sua terra não é sua. É a terra de outros tantos pés. Não a dos seus. O Estrangeiro pisa sem pisar. Reconhece as equações complexas, os seus sorrisos razoáveis, o fio dos instintos, desejos, prazos. Diariamente, sabe o que cabe no quadro-negro e nem imagina o que pode caber num domingo claro sem reunião.

Mas agora a sala de reuniões está cheia. O relógio da parede faz um ritmado tique-taque. Chegou a sua vez de falar. O Estrangeiro respira fundo e inicia a exposição.

Domina as planilhas com entusiasmo numérico. Agrada a presidência. Finaliza sua fala e cumprimenta mãos diversas. Bebe um copo d'água e usa um guardanapo. Aproveita para limpar sua saliva na borda do copo. Amassa o guardanapo e o afunda no copo vazio. Está escalado para viajar. Amanhã pela manhã.

A bandeja recebe o copo. O elevador da empresa recebe o Estrangeiro. O carro, o percurso e o seu prédio também o recebem. Portão automático, elevador e porta. Aroma de limpeza. Esposa solícita. Os beijos das filhas. Uma avalanche de beijos.

Ele comunica a viagem durante o jantar. Desta vez para o Brasil, Fortaleza, Ceará. A esposa grita de alegria. Ela se lembra de sua cidade natal, Vassouras, no Rio de Janeiro. Infelizmente, não acompanhará o marido porque as meninas terão um campeonato de dança e estão eufóricas. Com água na boca, a esposa lhe pede para trazer feijão preto da viagem. E as quatro falam ao mesmo tempo. Desarrumam as gavetas dos pensamentos estrangeiros. Frases são cortadas por frases, risos são misturados com exclamações imperativas, e ao homem, nesse momento, só cabe ouvir o quarteto descrever presentes e enumerar imprescindíveis caprichos. O término da sobremesa retira todos da mesa. A esposa dispõe os ternos na mala. Camisa branca combina com qualquer gravata. Camisa salmão combina com gravata vinho. Uma sunga pode ser necessária. O marido ri do excesso de cuidados. Sabe que terá tempo para o mar, e esse saber o estorva.

Precisa deitar-se. Acordará às quatro e embarcará às sete. Tudo ajeitado. O sono esparrama-se no corpo estrangeiro. A esposa puxa todo o cobertor para si. *Que noite gelada!* Ele puxa a sua parte do cobertor e verifica se a esposa está bem coberta. Está. E respira tranquilamente. Era assim que ele gostaria de dormir, mas o sonho ausente do sono e as poucas horas deslizam feito areia em ampulheta. O despertador toca. Não se assusta e abaixa o pino. Era verdade o que o avô dizia: sonos leves não se assustam. O Estrangeiro ri dessa lembrança e nem as paredes ouvem o seu riso inaudível. Elas dormem. Os móveis também dormem e ele não quer perder tempo com a dança das lembranças.

Sua roupa descansa na cadeira. Ele toma um banho. Veste o terno, as meias, os sapatos, um beijo na esposa. Ela acorda. Suavemente se levanta e o acompanha até a porta. A pasta, a mala, ainda não entregaram o jornal. O elevador vem buscá-lo e assiste a uma despedida amorosa, delicada. A boca da esposa recebe um beijo demorado. Ele a afasta um pouco, quer apreciá-la melhor. Sente vontade de pousar seus olhos nos olhos dela. Eles brilham intensamente. Depois, deseja contornar com os dedos os lábios dela. E, surpreso, no lugar da boca, ele vê uma fruta vermelha. Quer comê-la. Beija-a novamente, mordiscando-a. O calor do beijo se espalha rápido pelos corpos. Fogo! Deixam as malas no corredor. Deixam a porta do apartamento escancarada. Trancam a do quarto. Fazem amor com desespero. Ela puxa a camisa dele com força. Alguns botões pulam. Voam para o infinito. Ofegante, ela o empurra da cama. O tempo é inclemente. Ele troca apenas a camisa e dispara para o aeroporto. Ele, a mala, a pasta e o gosto da fruta devorada.

O Estrangeiro sobe nas costas do pássaro imenso.

O pássaro levanta voo e abraça a alvorada, as nuvens brancas, a viagem transparente.

O Estrangeiro faz a primeira escala em Frankfurt e muda de pássaro. Sente um frio na barriga com a nova decolagem.

As comissárias executam os rituais de bordo. Há segurança na execução. Ele aproveita parte da viagem para ler as notícias e responder a alguns e-mails. Também aproveita para descansar e organizar seu volumoso álbum de pensamentos. Há leveza no pouso, mas, mesmo assim, um solavanco faz as bagagens de mão deslizarem nos compartimentos acima das poltronas. Cumbica, Aeroporto Internacional de Guarulhos. Os passageiros desatam os cintos de segurança e, a exemplo dos galos que acordam a manhã numa tessitura instintiva, o som metálico de dezenas de cintos sendo desafivelados também acorda os celulares. Vários deles são ligados, vários toques. Uma sensação de descabimento puxa os passageiros para fora, para a terra. Uma estranha atração. Boa parte dos passageiros permanece em São Paulo. Os demais fazem conexão para outras regiões. O Estrangeiro segue para Fortaleza. Faz mais uma troca de pássaro. Sobe nas costas de um outro, menos cansado e devidamente abastecido.

*Que incômodo!* Tem uma pedra no sapato do Estrangeiro. Ele quer livrar-se dela. Não dá. Está sentado na poltrona do meio, entre uma adolescente e um turista deslumbrado que já bateu dezenas de fotos das nuvens e de si mesmo na poltrona do avião. Finalmente, o piloto anuncia o pouso e diz o horário. Fortaleza, Aeroporto Internacional Pinto Martins. O Estrangeiro acerta os ponteiros de seu relógio com o horário local. O turista pede a uma das comissárias para bater uma foto dele com o Estrangeiro e a adolescente. O Estrangeiro observa o deslumbramento inconsciente do turista. A esteira faz as malas rolarem. Mãos ansiosas buscam as alças que lhes são familiares. Um motorista da filial segura uma folha com o logotipo da empresa. O Estrangeiro ergue a mão discretamente. O motorista faz uma bola com o papel e a lança numa cesta bastante próxima. Poderia ter sido jogador de basquete. Sobraram poucas escolhas e ele agarrou-se ao volante com sagacidade. Cumprimentam-se. Se fossem meninos, estariam descalços e um passaria a bola para os pés do outro.

Mas o tempo livre de ponteiros ficou distante e hoje os pés vestem o sufoco de sapatos engraxados.

O Estrangeiro vai ao setor de câmbio e troca parte de seu dinheiro. Confere as cédulas brasileiras. Aproveita para ir ao banheiro. Sai aliviado, embora tenha se esquecido de retirar a pedra do sapato. Tomam um rápido café e deixam o aeroporto. O motorista e o empresário. Ambos desempenham suas funções. O primeiro precisa conduzir o segundo até o escritório. O segundo precisa apenas ser passageiro e confiar nas mãos motoristas do primeiro. Um e outro. Azeite e água. Os dois homens conversam sobre o tempo e o comércio local. Falam meramente palavras esmigalhadas, desprezíveis, que nem precisariam ter sido faladas. O Estrangeiro retira a pedra de seu sapato. É um dos botões da camisa manchada de fruta madura. Seu pensamento salta para a esposa. Sente vontade de amar outra vez. Guarda o botão no bolso da calça. E a vontade de amar nos milhares de bolsos do corpo. O motorista desliga o ar-condicionado e a chave. O Estrangeiro agradece.

Imponente a filial de Fortaleza. Conhecia apenas a do Rio. É recebido com festa pelos diretores. Reconhece a maioria. Sente-se à vontade. São conduzidos para um agradável anfiteatro. Aguarda a sua vez de falar. Os olhos se voltam para ele, curiosos para conhecer a visão da matriz. Ele expõe as mudanças para a equipe.

Com gestos ágeis e precisos, apresenta gráficos, porcentagens, produtos e estratégias de lançamento. Responde a algumas perguntas e, enfim, sua fala é tomada pelo silêncio e é seguida por uma salva de palmas. As novas diretrizes corresponderam às expectativas da seleta plateia. O Estrangeiro organiza papéis e elogios em sua pasta. O diretor de Fortaleza convida-os para almoçar em um tradicional restaurante da cidade. Fazem questão de apresentar a gastronomia cearense ao Estrangeiro. E saboreiam carne de sol com paçoca e macaxeira, baião de dois e uma sobremesa chamada cartola, que nada mais é do que banana frita com queijo-manteiga. Retornam para a empresa e prosseguem as atividades. No final do expediente, o grupo se divide. Ednilson, o diretor de Fortaleza, leva o Estrangeiro para jantar. Os demais diretores seguem para outros dois hotéis.

No trajeto para o restaurante, enquanto conversa, o Estrangeiro sorri um sorriso com uma boca desajustada. Leva os dedos até a boca e confirma. Aquela boca indecisa não é a sua. Não é. Ele tem certeza de que não é. Nem nunca foi. A sua boca.

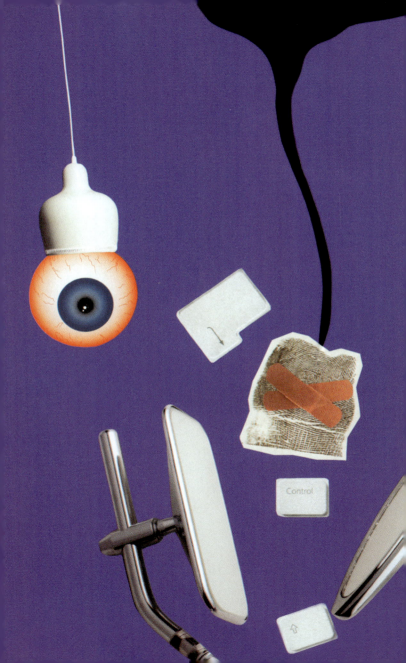

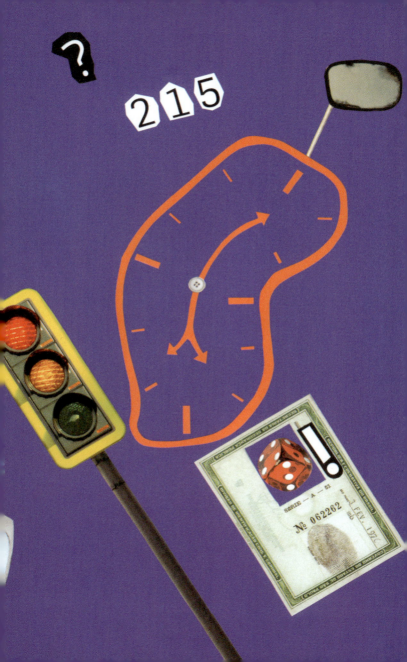

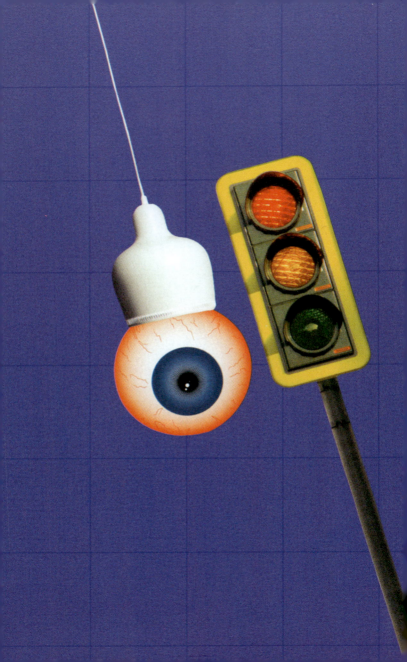

# 2

O Estrangeiro agradece o jantar, a companhia. Ednilson desce para se despedir e o abraça com vigor. Feitas as despedidas, o Estrangeiro bate a porta do carro. Não fecha. Bate outra vez. Fecha. Seus pés desconhecem o saguão daquele hotel e suas mãos conhecem a única mala e também a pasta que carregam.

— Por gentileza, tenho uma reserva.

O gerente desloca os olhos do computador para o balcão.

— Só para esta noite, senhor?

— Para várias.

O gerente estranha a imprecisão da resposta e observa o Estrangeiro preencher o formulário. Entrega o cartão e um sorriso. O Estrangeiro pega apenas o que lhe convém. Deixa o sorriso num envelope de indiferença, em cima do balcão. Dá as costas para o gerente e ganha o corredor.

Muitas portas.

Para diante do quarto 215.

Passa o cartão e uma luz verde é acesa.

Abaixa a maçaneta. Ambiente espaçoso. Analisa as duas camas. Usa uma para a mala e a pasta. *E que quadros bonitos. Foram feitos e pensados para o quarto.* Suspira e alivia a gravata. Fecha a porta. Está cansado da viagem, do trabalho. Joga os sapatos longe. Retira a carteira do bolso. E depois o botão. Coloca-o no cinzeiro do criado-mudo e não resiste: experimenta a poltrona. *Deliciosa.* Nada como aproveitar o repouso dos justos. Cochila despreocupadamente.

Ao abrir os olhos, levanta-se e segue para o banheiro. Olha para o espelho e fica assombrado ao ver outro homem. Um estranho. Não pode ser. Impossível. Não é o seu rosto. Retorna para o quarto e levanta o telefone do gancho, fica sem saber como explicar tudo aquilo, devolve-o para o gancho. Volta para o banheiro e olha com mais atenção para o espelho. Não se trata de um delírio. Vê o mesmo homem estranho.

Mas quem é ele? De onde surgiu? Será que o último hóspede ficou preso no espelho e precisa ser resgatado? Que absurdo! O espelho deve estar mentindo. Não, não pode ser. Aquele não é o seu rosto.

O Estrangeiro chora sem saber ao certo o motivo original do choro. São as mesmas lágrimas, mas de homens diferentes. Será que o espelho exibe uma miragem? Será que ele perdeu a sua imagem? Como? Se ele nem ao menos conhece o rosto estranho do espelho...

Algo precisa ficar claro. Ele é um indivíduo substancial. O homem do espelho, uma mera superfície. E se o Estrangeiro retirar a máscara diante do espelho e encontrar um rosto ainda mais estranho? Afoito, quer escavar seus olhares com as unhas. Sua essência deve estar soterrada em alguma galeria da aparência. Assustado, por um instante, o Estrangeiro toca seu próprio rosto. Ele existe. Penteia os cabelos com os dedos. Como são lisos e finos... Ásperos os seus pensamentos. Ele, um estrangeiro. Chega, dorme, trabalha e vai embora. E por que agora está sentindo vontade de ficar? O estranho homem no espelho parece pedir para que fique. Ao menos dessa vez. O que o estranho tem a lhe dizer? Por que os olhos dele brilham menos que os seus? Uma aflição. Um medo ocre. Um beco sem saída. *Não, o brilho é o mesmo! Que momento surreal!* Há um relógio derretido num galho de árvore. Há um Dalí alterando os sentimentos do Estrangeiro. Sim, porque o tempo dele estancou. Parou no segundo em que viu o homem estranho no espelho.

Se ao menos o homem do espelho não duplicasse os seus gestos com tanta precisão, mas não, ele reproduz toda e qualquer sutileza e ação mínima. O Estrangeiro começa a acreditar que ele e o homem do espelho são a mesma pessoa.

Lá fora, a marcha das horas prossegue. Há mais estrelas no céu. Fazem cirandas e pulam amarelinha. A lua não apareceu. O Estrangeiro não quer descer para arejar, ver o mar à noite. Permanece no quarto. Está intrigado. Precisa de respostas. Precisa arrancá--las do homem do espelho. Com pé de cabra, com canivete, com força bruta, com o que quer que seja.

O frigobar canta seu canto noturno. Irritante. O apartamento cresce assustadoramente. Tudo parece maior. Inclusive o desespero. O Estrangeiro remexe a dúvida. *E se ligasse para o Ednilson? Não! Seria ridículo afirmar que existe um homem no espelho do seu quarto. O que fazer? Deitar-se ou esperar o estranho falar? Será que não inventaram um frigobar silencioso?*

Meia hora.

Uma hora.

Pega o *tablet* para ver os *e-mails*. Ana lhe escreveu. Costurou os botões na camisa e faltou um. Até retirou o colchão e o estrado da cama para ver se o encontrava. Desistiu de procurar. As filhas estão bem. Foram ensaiar na academia. A apresentação será amanhã. Beijos com saudade e até outra hora.

O Estrangeiro larga o *tablet*, não tem cabeça para responder.

Uma hora e quinze.

Uma hora e meia.

O estranho do espelho continua calado.

O sono aumenta.

Resolve ir se deitar, mas sua curiosidade permanece sozinha, de pé, diante do espelho, por toda a madrugada.

O frigobar encerra sua ária. Um abençoado silêncio nasce no fundo da rua. Logo um carro acelera, um apito toca, um móvel range. A curiosidade o faz levantar. O estranho continua ali, no mesmo lugar. No espelho. Olhando para os olhos do Estrangeiro. Com suas respostas embaladas. O Estrangeiro reconhece as embalagens e os desenhos da hipocrisia. Abre a torneira. O jato de água afoga o silêncio. O Estrangeiro lava o rosto com as mãos em concha e sente calor. Retira a camiseta. Sente frio. Põe a camiseta. E chora, chora, chora. São as mesmas lágrimas. As suas e as do rosto estranho do espelho. As costas das mãos úmidas. *Por que choro diante de um rosto estranho?* Por que chora, se já não sabe se é ele quem chora ou se é o rosto estranho do espelho? Deveria sentir vergonha. *Droga! Droga! Por que caiu a casca que protegia a ferida? Por que deixei de chorar tantas vezes e o choro rompeu somente agora? O que está havendo?* Suas lágrimas são incontroláveis e caem com fúria. Ele fecha a torneira. As lágrimas ainda escorrem. O silêncio brota da pia e engole o quarto inteiro. O quarto voltou ao seu tamanho normal. *E o que é normal fora do espelho?*

Os ponteiros marcam duas horas.

O botão e o cinzeiro parecem amigos de infância.

Se fumasse, esse momento seria perfeito. Fuma a curiosidade de saber quem ele é para o rosto estranho do espelho. Fuma com lentidão. Sem sujar o cinzeiro. Volta para o banheiro. Passa rápido pelo espelho. Mesmo assim, consegue ver de relance o vulto do rosto estranho. No mesmo lugar.

O Estrangeiro está agora embaixo do chuveiro.

Finge abrir a torneira e tomar banho. *Droga! Mil vezes droga! Cigarro imaginário! Banho imaginário!* Ele não precisa de tanto fingimento assim. Vai acabar identificando--se com o rosto estranho do espelho. Não quer essa identidade para si. Por isso, movido por uma euforia insana, abre a torneira do chuveiro. A água molha cabelos, camiseta, braços, calça do pijama, pernas, pés.

O ralo leva a água.

Não leva a crosta estranha.

O Estrangeiro retira a roupa. Faz um bolo com as peças. Deixa tudo no bidê. Enxuga-se e enrola a toalha na cintura. Passa pelo espelho. Cabeça reta. Olhos fechados.

Pronto! Está no quarto. Põe outra camiseta. Um calção. E adormece.

Sono pobre.

Pesado.

Insuficiente.

E só.

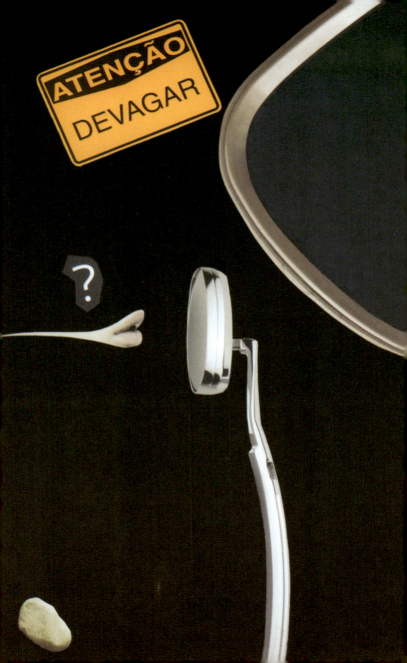

# 3

O Estrangeiro acorda. Seus olhos abraçam a escuridão. Há uma aranha-caranguejeira na parede. Não a vê, mas pressente a sua presença. São seus dedos que, sorrateiros e vagarosos, roçam a parede. Procuram o interruptor. Um leve apertão. A aranha desaparece. Quatro horas. Cedo demais. *Será que o rosto estranho passou a noite no espelho?* É o primeiro pensamento que vem à cabeça estrangeira. *Melhor nem ver. Pelo menos agora.* Melhor encolher e dobrar a curiosidade. Mas ele sente que não está só. Há mais alguém no quarto, espreitando-o. Alguém no banheiro do quarto 215. Poderia ligar para a recepção e pedir para trocar de quarto. Não consegue. Algo o paralisa. Cansou de erguer o telefone do gancho e devolvê-lo sem ao menos digitar uma tecla. Descarta a troca de quartos. Se perguntasse a esse alguém o que ele quer, a questão seria resolvida e fim de papo. Seria simples assim. Saberia o que está acontecendo consigo e com o outro. Que filosofia mais descabida! O outro lhe causa estranheza e proximidade. Como isso é possível? E como ele conhece tão bem alguém que nunca viu?

E o que adianta evitar o espelho, se tudo o que ele faz o leva até seu reflexo? O que adianta? O espelho não mostrará a memória dos reflexos felizes. Continuará turvo! Confuso! Sente saudade das filhas. Será que elas o reconhecerão?

Ana Clara, Ana Laura, Ana Luiza.

O Estrangeiro já não sabe o que ele sabe e o que deixou de saber.

Queria ter ficado para assistir à apresentação de dança, mas marcaram a viagem de última hora. As filhas pediram conchas da viagem. A esposa pediu feijão preto e uma rede colorida. Ana. Apenas Ana. A matriz das outras três. Estranho, ele está casado com a distância. Sente uma Ana que não é mais aquela primeira. Aliás, será que a Ana esposa consegue enxergar o rosto original do marido ou, quando ela o vê, enxerga outro homem que não é ele? Será que hoje ele gosta de estar casado com a Ana?

Não!

Não.

Não...

E ela? Gostaria de estar casada com ele?

Não sabe.

Ou melhor...

Sabe sim.

Ela não gostaria.

A Ana preferiria aquele primeiro homem que ela conheceu. As questões são inumeráveis. Será que existe uma segunda, uma terceira e uma centésima Ana? Por que papéis seguram tanto? Por que o registro se fez necessário? Como rasgar papéis impalpáveis? Como rasgar três filhas lindas? Impossível. Uma incongruência. Elas são as três pedras que prendem o Estrangeiro ao seu roteiro. São as três pedras que prendem Ana ao seu marido. Uma prisão sem grades. Com duas celas. O Estrangeiro desconfia de que o homem do espelho seja o carcereiro. Que ele tenha a chave mestra. Sente a agonia nos poros. Precisa conseguir a chave. Se não houver outra alternativa, irá subornar o carcereiro. Mesmo livre, pressente a falta de algo. Sabe que precisa de consistência. Faltam elos bonitos em sua vida. Um quebra-cabeça quase concluído. Quase. E por que deixou de cantar, assobiar e apreciar a chuva? Onde foi parar o tempo da contemplação e das coisas simples?

O Estrangeiro levanta-se, caminha até a janela e volta para a cama. Um ímã o puxa para a teia que a caranguejeira tramou no quarto e no banheiro do 215. Nem notou a transparência dos fios e se enroscou. Daqui a pouco, a caranguejeira irá chegar e o devorará, sem pena. Agora são dois inimigos com quem terá de lutar: o rosto estranho do espelho e a gigante aranha-caranguejeira.

A esposa queria tantas garantias assim? Ela também vê o rosto de outra mulher no espelho? Uma esposa deixa de ser mulher e um esposo deixa de ser homem? As funções abrandam o calor? A vida está morna. Em fogo brando. A chama ganhou um moderador. Onde foi parar a chama que aquecia as madrugadas? Para onde foi aquele homem ardente? E aquela mulher de beijos febris? O Estrangeiro deixa a cama e vai para a poltrona. Pega o botão no cinzeiro. Apalpa-o de olhos fechados. Quando se conheceram, eram apenas homem e mulher. Ela rasgava suas camisas com frequência, eles perdiam mais botões, enguiçavam zíperes e era comum ele chegar atrasado ao trabalho. Tudo corria desigual. Havia um rio de volúpia no vale. Depois, eles se precipitaram. Quiseram as convenções. Quiseram com o mesmo ardor com que se entregavam. E eles receberam as convenções desejadas. E brindaram à saciedade. E aconteceu o inevitável. O rio desapareceu do vale. A volúpia desviou sua rota. Escorreu a poesia. No casamento, a correnteza levou o rio, a sagrada volúpia, a mulher, o homem e os dias desiguais.

O Estrangeiro se revira na poltrona. Teme o retorno da aranha-caranguejeira. Agora tem certeza de que está enroscado na teia. Continua pensativo. *Onde foi parar toda a insensatez e o homem que ele foi um dia? Saberia ser ele novamente?* Essa dúvida o fere. Talvez ele tenha desaprendido tudo sobre si e esteja trancafiado num dos espelhos do apartamento 215.

Se pudesse, nem entraria no banheiro. Nem procuraria ninguém no espelho. Faria novamente seu *check in* na recepção e repetiria o roteiro percorrido até aquele momento. Livrar-se-ia daquela sensação incômoda, daquele vazio sem nenhuma possibilidade de preenchimento.

Cinco horas.

O relógio, o cinzeiro e o botão são cúmplices da mesma hora.

Denunciam a existência do mundo lá fora.

A concretude.

Ele e a esposa.

Ele a conheceu no Brasil. Viajou a trabalho e teve dois dias livres. Como estava no Rio, sugeriram um passeio em Vassouras. Ele adorou a arquitetura da cidade, os paralelepípedos nas ruas, as palmeiras nos canteiros, os coretos e algumas fazendas que visitou. Adorou uma mulher de cabelos soltos que existia com exuberância e tomava sorvete, sozinha na praça, sentada numa mureta de pedra. Paixão arrebatadora. Flerte, aproximação, ela ofereceu sorvete, as mãos dos dois se entrelaçaram, o namoro começou sem aviso. Ele voltou várias vezes para o Rio. Uma vez, quando chegou,

Ana estava de malas prontas. Ele a levou para o seu país. Tiveram três filhas. Deram nomes brasileiros a elas. Ele aprendeu o português. Ela aprendeu a língua dele. Aprenderam um com o outro. E depois, desaprenderam o diálogo. Às vezes, eles se devoravam, mas, tão logo o suor secava nos corpos amados, cada um virava para um lado, abraçava seu travesseiro e fingia dormir. Já não falavam com abundância depois de se devorarem. Estavam correndo o risco de desaprender o abraço demorado, o beijo passional, o impulso. Em breve, seriam poliglotas. Falariam também a perigosa e dolorosa língua monossilábica, com todos os seus silêncios incômodos, desconfortos e frases previsíveis.

A rotina os alcançou. *Como isso foi acontecer?* Eles esculpiram tantas utopias, amaram-se tantas vezes e sempre encontravam fôlego para alcançar os dias desiguais. Corriam com ligeireza e riam dos calendários. E agora, sem se dar conta, os dois cederam. Deixaram a rotina estender raízes e fazer laços, morada, tatuagens. Mas, se não houvesse o casamento, o que seria de Ana Clara, Ana Laura e Ana Luiza? O quê?

Agora não tem jeito, ele precisa ir ao banheiro. Está com a bexiga cheia. Encontra apenas um chinelo. E onde está o outro? Vai descalço mesmo. Ouve a descarga. Dá dois passos... O rosto estranho passou a noite no espelho. Por um instante, o Estrangeiro tem a impressão de que o rosto estranho deixa de reproduzir seus gestos e o encara. O Estrangeiro leva a mão ao queixo. O rosto estranho sorri com deboche, coloca as duas mãos para fora da moldura do espelho e dá um salto ágil. Cai estirado no chão do banheiro. Está descalço, sem camisa e veste uma bermuda que o Estrangeiro teve na adolescência, há mais de vinte e poucos anos. O Estrangeiro fica paralisado, branco. O homem estranho levanta-se com rapidez e corre para o quarto. Abre as portas do guarda-roupa, as gavetas, joga as roupas na cama, puxa as colchas e os lençóis das duas camas, abre a pasta do Estrangeiro, sacode-a, os papéis espalham-se pelo chão. Subitamente, seus olhos encontram o que procuram. Está no criado-mudo, dentro do cinzeiro. O estranho homem pega o botão e corre para o banheiro.

O Estrangeiro continua paralisado, seus ouvidos acompanharam toda a barulheira. Tenta erguer os pés e eles estão presos aos azulejos frios. O estranho homem parece um felino. Pula arisco para o espelho e, lá de dentro, exibe o botão para o estrangeiro. Sorri novamente, com redobrada ironia. Sorri vitorioso. O Estrangeiro não pode ficar sem o botão. É uma conquista sua, toda sua. É um amuleto que o abotoa à Ana. *Só há um jeito. Quebrar o espelho, acabar com o homem estranho e reconquistar o botão.*

Os pensamentos fervilham. *Não posso enlouquecer. Tenho esposa, filhas, trabalho.* Consegue se desprender do chão. Está para explodir de raiva. Quebrará o espelho;

no entanto, primeiro toma um banho. Procura se acalmar. Ensaboa o medo de reconhecer a estranheza. A água cai pensativa no tapete de borracha. Água preguiçosa! Se quisesse, poderia lavá-lo de toda estranheza. Desliga o chuveiro, enxuga-se e deixa a toalha pendurada no box. O Estrangeiro está nu. Inteiro. Pega o frasco de xampu e dá alguns passos para trás. Não ficará sem seu botão. *De jeito nenhum.*

Da porta do banheiro, faz pontaria e atira o frasco. O espelho estilhaça. Em dezenas de cacos. Caídos na pia, no chão. O xampu escorre pela parede. Desenha bolas no chão. Bolas cada vez maiores. Bolas verdes. Camomila para cabelos normais.

O Estrangeiro vê o botão ao lado do vaso sanitário. Pega-o, sem olhar detidamente para os cacos. Não quer ver o outro. Morto e fragmentado, dezenas de vezes.

Assustado, o Estrangeiro se dá conta de que há uma poça vermelha entre as bolas verdes. Nunca imaginou que sua imagem sangraria sem que ele tivesse se cortado. Com a toalha de rosto, limpa a vermelhidão. Torce a toalha na pia diversas vezes. Não deixará nenhum vestígio. Organiza os papéis na pasta, estica os lençóis e as colchas, arruma todo o quarto. Veste camisa salmão, gravata vinho, tristeza prateada, terno marrom. Caimento perfeito. Fecha a porta do 215 e passa na recepção. O gerente procura ser solícito e sorri.

Com cordialidade, o Estrangeiro sorri sem sorriso e diz:

— Quebrei o espelho do banheiro. Quero trocar de quarto.

— Como quiser, senhor.

O gerente não mais sorri. Recolheu a simpatia. Virou outro vaso na recepção. O Estrangeiro segue para o salão de refeições. Há duas mesas vazias. Escolhe a da parede. Coloca o *tablet* em cima da mesa. Território marcado. Ninguém mais se sentará ali. Ótimo. Ele vai buscar o café. Resolve tomar o seu café sem café. Metade de um mamão, tapioca, pão francês com queijo e suco de graviola.

Saciado, o Estrangeiro deixa a mesa.

O garçom o cumprimenta. Ele não responde. Porque não foi para ele que o garçom endereçou seu cumprimento. Mas o rosto estranho está morto. Ele está vivo. A confusão está viva. Por isso ele sai, sem se sentir cumprimentado e sem reunir as migalhas na palma da mão e colocá-las no pires, como costumava fazer quando estava fora de casa.

O Estrangeiro segue para o trabalho.

Direto.

Sem voltar para o quarto.

Sem pensar no rosto estranho.

No rosto que ele matou.

Dezenas de vezes, dezenas de cacos.

# 4

O trabalho transcorre bem, a tarde recolhe o sol, o Estrangeiro volta para o hotel. Ednilson quer porque quer levá-lo para jantar uma caranguejada em sua casa para conhecer os meninos, a esposa, o quintal. O Estrangeiro alega indisposição. Promete que irá no dia seguinte. Ednilson reforça:

— Mais tarde passarei aqui no hotel para deixar um presente e verificar se você não quer mesmo sair para dar uma volta.

Na recepção, o gerente informa:

— O espelho foi trocado. Infelizmente, o hotel está lotado e não dispomos de nenhum quarto vazio. O senhor terá de permanecer no 215.

O Estrangeiro agradece. Uma dúvida o assalta. *Foi morto mesmo o rosto do espelho?* Será obrigado a voltar para o mesmo quarto. E, ainda por cima, todos os hotéis da cidade indisponíveis. E ele só conseguiu voo de volta para sexta à noite.

Teria preferido voltar amanhã, quando encerrasse o trabalho. Sobe dois lances de escada e atravessa o corredor. Para diante da porta. Lê o número de trás pra frente. 512. Vontade de inverter o prumo de seu desespero. Escrever outro roteiro para si. Passa o cartão e abaixa a maçaneta com uma suavidade nervosa. Tudo impecável. Camas arrumadas. A mala em seu lugar. Toalha ajeitada em flor. Sabonete ao lado. Ele não suporta sabonete de erva-doce. Levará para um amigo econômico que, como uma criança, faz festa com todos os kits de hotéis.

O Estrangeiro sente vontade de se refugiar na poltrona e cochilar, mas está ansioso para saber se de fato matou o rosto estranho do espelho.

Vai até o banheiro.

Nenhum vestígio dos cacos.

Olha para o espelho.

Ele está lá.

Um outro rosto está lá. Tão diferente quanto o primeiro. Tão mais estranho. *Como estou distante do meu verdadeiro rosto. Poderia ontem ter descoberto a máscara. Não descobri. Pelo contrário, hoje existe outra máscara, o que significa que o rosto estranho de ontem morreu.* Tudo está difuso, nebuloso, inconstante. Quantos países terá de percorrer até encontrar e reconhecer a sua verdadeira face?

Por que a esposa não deixa seus pensamentos? Por que ela norteia suas decisões? Ela nem o conhece.

Ele também não a conhece. Será que um dia eles irão se conhecer? E desde quando alguém conhece a si mesmo? E o que ele faz com esse outro rosto que não é o seu? E se quebrar esse novo espelho? Seu rosto mostrará um rosto ainda mais distante?

Em pensamento, o Estrangeiro interroga o rosto:

— Quem é você?

O rosto responde com voz baixa, sussurrada:

— A última edição de você mesmo.

O Estrangeiro continua:

— E por que não me identifico com essa edição?

O rosto rebate:

— Medo.

— Mas medo de quê?

Com um ar indecifrável de Mona Lisa, o rosto sorri e desembrulha a resposta:

— De mensurar o tempo perdido, de sentir a vida amplamente...

O Estrangeiro quer correr o risco de ser desvendado, e provoca o rosto estranho:

— Só?

O rosto gosta da ousadia do estrangeiro e diz o que parecia pretender ocultar:

— Não, há também o medo de sentir o quão longo será o regresso.

O Estrangeiro vacila e retira as perguntas da língua.

Não quer fazê-las em voz alta.

É capaz de o rosto estranho fornecer as mesmas respostas que ele garante ter escutado. O estrangeiro se cala. Quer entender as secretas respostas. Esmiuçar a trama de cada uma. Estendê-las num barbante que inventou e esticou. Sim, estender os seus folhetos de cordel. E agora que todos os medos estão expostos, ele os reconhece. São seus, realmente. Ele reconhece o círculo que envolve tudo o que é seu. Reconhece uma angústia anil, as suas garantias sociais, o patrimônio, todo o sacrifício feito em nome da família. Não adianta. Está a mil léguas da lembrança bonita que tem de si mesmo. Ultrapassou a linha alarmante da consciência. Se pudesse e soubesse, diminuiria o traçado do círculo. O que importa agora o sumo do passado? Há um ponto de interrogação cravado na existência.

O Estrangeiro liga para a recepção, solicita um táxi e fecha a porta.

Deixa o hotel e o espelho para trás.

Pede ao taxista que rode, sem endereço para chegar.

Só quer sentir a cidade, distanciar-se do espelho, e só, mas o taxista engoliu quarenta papagaios e quer falar do tempo, dos filhos, dos netos. Fala com a boca cheia, com intimidade, e conta a história de um tio que se separou recentemente e está morando numa borracharia com as duas mulheres. A atual mulher só aceitou que a primeira morasse com eles porque não dispunham de dinheiro para pagar pensão, tinham de fazer esse sacrifício. Sem falar na confusão que deu quando as duas resolveram disputar qual cozinhava melhor. O taxista fica relacionando os pratos que as duas prepararam, que o tio engordou drasticamente por causa da tal disputa gastronômica, que o tio não aguentava mais ir ao açougue e ao supermercado para comprar tanta comida. Era mesmo um exagero de comida. O Estrangeiro não quer saber da história. Quer reduzir todo o volume do taxista. E pede:

— Por favor, o senhor faria a gentileza de ficar quieto?

O taxista enrola o carretel das palavras e encolhe os ombros, inconformado de não poder contar o melhor da história, o que acontece com o tio e as duas mulheres. O Estrangeiro sente o gosto artificial daquele silêncio. O taxista ainda quer falar, contar. Não adianta, o carro está impregnado de lembranças, palavras, gargalhadas. O Estrangeiro se irrita. Pede para descer. O taxista obedece e recebe a corrida. O Estrangeiro faz sinal para outro táxi. Um senhor que exala uma música silenciosa. Enfim, está novamente consigo. Ele e suas tantas máscaras.

O senhor olha por cima dos ombros e, com um balanço de cabeça, pergunta sobre o destino da corrida.

– Quero sair da frente do espelho, rodar sem precisar chegar. Rodar em torno do mesmo medo. Você me entende?

O senhor faz um sinal de joia com os dedos e agarra-se ao fio silencioso de seu passageiro. Segue uma serpente instintiva.

Diante dos olhos estrangeiros, os detalhes surgem das esquinas.

Observadores, os olhos estrangeiros unem as peças. O edifício de alto padrão, a coberta de papelão, pessoas correm, caminham, as barracas, uma senhora elegante de vestido rendado, o catador de lata, a estátua de Iracema, o pedinte de farol, a pele branca, a pele negra, as dunas, os disparates, o sangue derramado, o sangue esquecido, coagulado e que virou pedra, pedra, orla, areia, a parte planejada, a que aconteceu, lixeiras abarrotadas de sacos, floreiras cheias de flores, plantas, um homem musculoso se exibe para duas adolescentes, crianças correm atrás de um caranguejo. O táxi para no semáforo. Continua. Nenhum roteiro o prende. Freio algum. O Estrangeiro inspira a brisa e contempla as embarcações, são muitas e balançam na linha do horizonte, na praia do Mucuripe, o Farol, casais dançam forró num quiosque da Beira-Mar, a saia estampada, o amor brotado, a ternura, o amor conquistado, o sim, o não, o amor comprado, a esfera argentada no mar, a água no luar, a contradição, notícias, manchetes, velocidade, lentidão. Pronto! O percurso está completo no coração estrangeiro. Indica ao taxista o endereço do hotel.

A serpente de lata percorre um itinerário silencioso.

Até que gostaria de ter conhecido a voz do segundo taxista, este confere o dinheiro e sorri, mais nada. O Estrangeiro salta da serpente e o taxista volta a serpentear em busca de outros passageiros.

Na recepção, o Estrangeiro recebe uma caixa. Sabe o que é. Ednilson disse que lhe faria um kit à base de caju e deixaria no hotel. Disse que não partiria de Fortaleza sem levar algumas garrafas de cajuína, castanhas torradas e o melhor doce de caju do Ceará. Na hora, o Estrangeiro não deu tanto crédito à promessa. Agradeceu e ponto. Mas estava gostando da cordialidade do diretor de Fortaleza. Poderia ter aceitado o convite para a caranguejada e o recusou, mas amanhã aceitaria, e, quando regressasse a seu país, enviaria presentes para o Ednilson e sua família. O gerente passou a caixa para as mãos do hóspede e, para seu espanto, recebeu uma metade de sorriso do Estrangeiro.

Corredor, 215, cartão, luz verde, maçaneta. O Estrangeiro deposita a caixa ao lado da mala, segue para o banheiro, olha para o espelho e sente uma paz imensurável. Consegue ver seus olhos familiares brincando no rosto estranho. Vê também a outra metade do sorriso no espelho. Junta as duas metades. Está inteiro em um sorriso. O Estrangeiro relaxa e deixa cair dos ombros o peso do mundo. A lei da gravidade que segure o mundo, os astros e todo o tecido universal. O rosto do espelho sorri para o Estrangeiro. Os dois não mais se rivalizam. A luta termina ali. Esgotamento. O rosto estranho deita-se no fundo do espelho. Cobre-se com o reflexo. O Estrangeiro pede licença e segue para a cama. Cobre-se com a nudez. E o sono chega para ambos. Um sono com a polpa cheia de caldo, sonhos e doçura. Um sono engolidor de conflitos, um sono de muitas horas.

...

O Estrangeiro ressona na cama.

O rosto estranho ressona no espelho.

...

A madrugada avança.

O Estrangeiro acorda sobressaltado.

Sonha que está se afogando em alto-mar.

Corre para o banheiro e até suspira ao esvaziar a bexiga e apertar a descarga. Ficou um gesto automático ir ao banheiro e olhar para o espelho. É o que ele faz. Ninguém além dele. Apura os ouvidos e consegue escutar o ronco ritmado do rosto estranho. Lava as mãos, volta para o quarto. Perdeu o sono. Cinco da manhã. Abre o frigobar e pega uma garrafa de água mineral sem gás. Bebe no gargalo. Abre a caixa e experimenta o doce de caju. *Está soberano, saboroso demais.* Pega outro pedaço. Lambe os dedos. A poltrona oferece maciez. Aceita a oferta. Seus olhos passeiam pelo quarto e param no criado-mudo...

O cinzeiro!

Está vazio!

O botão desapareceu outra vez.

O coração do Estrangeiro dispara.

Ele salta da poltrona e olha embaixo da cama, vasculha as gavetas do criado, levanta as cortinas. Nada!

# 5

Nem sinal do botão.

Talvez o rosto estranho nem tenha morrido e esteja enganando-o, fazendo-se passar por outro. O Estrangeiro havia notado semelhanças perturbadoras entre o rosto atual e o anterior. Como foi cair numa armação tão amadora? Agora, terá de encará-lo.

O Estrangeiro tem a desconfortável sensação de saber cada vez menos de si. Saber um mínimo de seus desejos, um quase nada, uma poça de história. Onde está aquele homem primeiro que ele reconhecia? Onde está aquele que ria dos enganos e despropósitos? Onde ele foi parar? Quantas máscaras separam o Estrangeiro daquele homem com quem ele se identificava? Cansado de procurar pelo botão e pela sua verdadeira imagem no espelho, ele se joga na poltrona. Sente uma solidão marrom e afunda o rosto nas mãos. Quando retira as mãos do rosto e abre os olhos, já não está só. O homem estranho sorri para ele, sentado na cama.

— Eu não peguei seu botão.

O homem estranho abre as mãos e, de fato, ambas estão vazias.

— Se não foi você; quem foi, então?

O homem estranho sabe quem pegou o botão. Sabe também o que pode ser falado e o que, por ora, deve permanecer guardado.

— Não se preocupe. Você o encontrará no momento certo e entenderá que existe uma razão para tudo o que acontece conosco.

O Estrangeiro considera aquelas frases um tanto piegas, chavão demais, mas, no fundo, bem lá no fundo, era tudo o que desejava e precisava ouvir. E ouve, ouve, a ponto de uma esperança lilás inundar seu peito. Ele, de repente, transborda de entendimento. Descobre que pode confiar no homem estranho. Resolve, então, questioná-lo, sem reserva:

— Até quando você pretende permanecer no espelho?

— Até o dia em que você voltar a ouvir as emoções cromáticas.

O Estrangeiro acomoda as palavras na memória com cuidado meticuloso, como um amante da filatelia acrescenta um selo raro à sua coleção.

Está emocionado. Continua a questionar:

— E vai demorar para esse dia chegar?

— O tempo é relativo. Ele depende do vácuo e de várias nuances.

Nuances... O Estrangeiro se lembra do avô com saudade. O avô se chamava Piotr. Era músico e adorava a relatividade, o jogo das nuances. Dos nove aos quatorze anos, o Estrangeiro aprendeu piano com o avô, mas a música lhe trazia uma perturbação angustiante. A música o desnudava e o deixava livre. Ela trazia o novo, diariamente. Era um susto atrás do outro. O Estrangeiro não conseguiu dar conta de tantos sustos, de tantos sentimentos caudalosos. Preferiu cortar as mãos do pianista e parar com tudo. O avô Piotr ficou chateado e nada disse. Sabia que o neto precisava primeiro ordenar as páginas da partitura, afinar os sentimentos.

O homem estranho retira o Estrangeiro de seus devaneios.

— Preciso ir.

O Estrangeiro, arrancado das lembranças, murmura:

— Eu o acompanharei até o espelho.

E depois do curto trajeto, só se ouve um murmúrio suave, o pulo do homem estranho para dentro do espelho.

O botão perde a importância.

O Estrangeiro tem que ir para a empresa, será seu último dia de trabalho em Fortaleza. Irá viajar na noite seguinte, o que significa que terá o dia todo livre. E o que fará sem um roteiro para seguir? Toma um banho. Deixa a água fria cair nas costas por vários minutos. *Tudo se resolverá no dia em que eu voltar a ouvir as emoções cromáticas. O que o homem do espelho quis dizer com essas palavras? Melhor desligar o chuveiro.* O Estrangeiro gira a torneira. Enxuga-se. Veste-se. Toma café e cumprimenta o garçom. Reúne nas mãos as migalhas de pão dispersas na toalha e as coloca no pires. O garçom retribui o cumprimento com ponderação, sem compreender o universo íntimo dos hóspedes. Passa na recepção e pede um favor ao gerente:

— Gostaria que você me providenciasse quatro quilos de feijão preto, uma rede bem colorida e muitas conchas, de vários tamanhos. Neste envelope há dinheiro suficiente.

— Só isso, senhor?

— Por ora, só.

— E o senhor precisa de um táxi?

— Sim, pode chamar. E obrigado.

O Estrangeiro percebe que o celular não está no bolso do terno e se lembra de que o deixou no quarto. Volta para pegá-lo. Há uma ligação perdida de sua casa. Deixa para ligar à noite. O táxi deve estar à sua espera.

No corredor, fechando a porta, o Estrangeiro ouve a camareira chamá-lo pelo nome.

— Senhor Ivanov!

O Estrangeiro estranha o chamado. Estava acostumado a ser chamado de Ivan no Brasil. Por breves segundos, aprecia os traços delicados da camareira, deve ter sido muito bonita na juventude. Ele tem quase certeza de que ela também é russa.

— Como a senhora sabe o meu nome?

— Sou a camareira responsável pelos quartos desta ala. Li seu nome na relação de hóspedes.

— A senhora é russa?

A camareira faz questão de responder em seu idioma pátrio:

— Sim, com muita honra. Meu nome é Ekaterina. Nasci em São Petersburgo e vim para o Brasil aos doze anos.

Ivanov nem mais se lembra do táxi que o espera.

É pego de surpresa pela simpatia luminosa da camareira.

— Conheço São Petersburgo como a palma da mão, mas eu continuo morando em Moscou, minha cidade natal. Vim para Fortaleza a trabalho.

— Aqui é um ótimo lugar para morar. As pessoas são amorosas e hospitaleiras. Mas eu o chamei, senhor

Ivanov, porque encontrei este botão num cinzeiro do seu quarto. E o que me intriga é que conferi as suas camisas que estão na lavanderia e as do armário para pregá-lo de volta e nelas não encontrei nenhuma casa sem botão.

Ivanov está boquiaberto.

— Pode deixá-lo comigo, Ekaterina. Ele não caiu de nenhuma camisa que eu trouxe na bagagem. Ele viajou comigo assim, avulso, e tem um significado afetivo para mim.

A camareira repara que o hóspede a tratou sem formalidade, sem chamá-la de dona ou senhora. Ekaterina gosta desse tratamento e, com felicidade, devolve-lhe o botão.

Ele o coloca no bolso. Continuam um olhando para os olhos do outro.

Despedem-se com sorrisos.

Em uma linguagem brasileira, russa, universal.

No táxi, Ivanov passa a mão pelo bolso e contorna o botão. Ana. As filhas. Abre a pasta e pega o *tablet*. As filhas postaram fotos e comentários na internet. Ana Clara comenta que ganhou uma medalha com fita azul, para colocar no pescoço. Ana Luiza conta que ganhou duas medalhas, uma para o pai e uma para guardar na gaveta das roupas de balé. E Ana Laura escreve, escreve, e, por fim, revela que não ganhou nenhuma medalha e nem por isso chorou ou ficou triste; afinal, quando crescer, pretende ser estilista, e não bailarina, como as irmãs. Ivanov fecha os olhos. Uma ternura rosa dança no palco de seus sentimentos. Quer que, daqui a algumas décadas, as filhas se lembrem dele com orgulho. Que elas digam que foram amadas, entendidas. *Como saíram lindas nas fotos!*

Ivanov chega à empresa, paga a corrida e vê Samuel, diretor do Rio de Janeiro, descendo de outro táxi. Há vários anos que se conhecem. Lindos tempos de insensatez e poesia. Ivanov fazia de tudo para ir trabalhar no Rio e passar o final de semana em Vassouras, somente para ver e respirar a Ana. Os colegas se cumprimentam e, já no *hall* da empresa, Ivanov localiza no *tablet* as fotos que as filhas postaram na internet. Samuel fica admirado com o tamanho das meninas e pergunta:

— Nossa, Ivan, suas filhas estão fazendo uma dieta à base de fermento?

Chegam rindo ao departamento. Ednilson e outros diretores questionam o motivo de tantas risadas. Também querem ver as fotos.

A descontração e a burocracia ocupam a manhã. Concluem os trabalhos. Ednilson, sua esposa Júlia e a equipe de Fortaleza prepararam um almoço de confraternização e encerramento na própria empresa. Vários pratos com lagosta e uma mesa com imponentes compotas de doce. Após se deliciar com as lagostas, Ivanov experimenta todos os doces, além de apreciar a beleza das compoteiras coloridas. Júlia conta que herdou as compoteiras de sua avó Lidia, que tem o maior xodó com tudo aquilo que ganha com amor, que só usa as compoteiras em ocasiões especiais. E é um tal de provar doce de cajá, sapoti, ciriguela, pitomba, caju, jambo, abacaxi, murici. E como se não bastasse, Júlia reaparece conduzindo um carrinho lotado de licoreiras. Os diretores são intimados a provar pelo menos uma dúzia. Ivanov elege os licores de tangerina e jenipapo os seus preferidos. Júlia aproxima-se dele e, em tom de segredo, cochicha:

— Hoje você não vai escapar da caranguejada lá em casa.

— E eu nem quero escapar dessas maravilhas todas. Irei sim, com grande prazer. O Ednilson já falou que me apanhará no hotel por volta das dezenove horas. Combinei com o Samuel de irmos ao Mercado Central agora à tarde, mas, às dezenove, estarei pronto.

Júlia abre um sorriso contagiante e afirma:

— Combinado.

...

Ivanov chega ao hotel. Está disposto demais para ficar descansando até o Samuel chegar. São quatorze horas e Samuel o pegará somente às dezesseis e trinta.

O gerente passa para suas mãos uma sacola e um pacote feito com papel pardo e um exagero de barbante.

— E aqui está seu troco, senhor Ivanov.

— Pode ficar com ele.

— De maneira alguma, senhor, não gastei nem metade do que havia no envelope.

Ivanov recebe o envelope e o deposita no balcão. Desliza-o no mármore, para bem próximo do gerente, e diz:

— Por favor...

— Obrigado, então. Há mais algo que eu possa fazer pelo senhor?

— Qual o seu nome?

— Renato, senhor Ivanov.

— Sim, Renato, eu gostaria de usar uma das bicicletas que ficam disponíveis para os hóspedes, mas não vi nenhuma delas ao lado da piscina.

— De fato, estão todas sendo ocupadas. Caso o senhor não se importe, pode usar a minha. Hoje eu sairei mais tarde.

— Negócio fechado. Subirei para trocar de roupa e deixar essas coisas no quarto. Descerei em cinco minutos.

E com felicidade amarela, Ivanov se desvencilha do terno e veste camiseta azul, bermuda estampada e chinelos. A vida lhe dá um forte impulso e ele sai pedalando a bicicleta emprestada pela Avenida Beira-Mar. Quanta liberdade! Ivanov ouve uma sonata tocada com irreverência e, só então, se dá conta de que se esqueceu de entrar no banheiro e conferir o estado emocional do espelho. Que bom... A brisa sopra um proseado delicado, feito renda de bilro. Tudo o que ele quer ver e sentir está no mar, no céu e nas jangadas de Fortaleza. E Ivanov sorri e pedala, pedala, pedala...

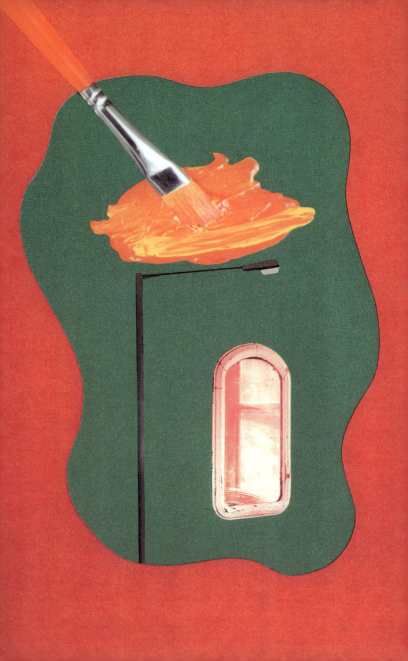

# 6

Bicicleta entregue.

Ivanov perdeu uma tonelada de preocupação no passeio.

Renato lhe entrega um recado.

Samuel atrasará meia hora.

No quarto, tira camiseta, bermuda, cueca e entra no banheiro.

O homem do espelho está lá.

— Gostei muito que tenha ido passear, Ivanov.

— Eu também gostei.

— Fazia tempo que você não saía para pedalar.

— Verdade...

Ivanov observa seu rosto. Esqueceu-se de passar protetor solar. As bochechas estão acerejadas. O homem do espelho apoia o queixo em uma das mãos e simula impaciência. Ivanov percebe que o homem do espelho aguarda uma série de perguntas sobre as escalas cromáticas.

Mas foi como se, de repente, no passeio, ele tivesse reconquistado a capacidade de brincar, confiar, esperar. Resolve jogar com o homem do espelho. Nada pergunta. Inventa um bocejo desleixado, demorado, e diz:

— Vou jogar uma água. Até mais.

O homem do espelho se espanta com a inesperada reação de Ivanov. Aprova o sábio e estudado desinteresse. Sabe que, em breve, o Estrangeiro voltará a ouvir as escalas cromáticas. Assobia e deixa a superfície do espelho. Precisa dobrar seus reflexos e ajeitá-los na mala. Seu tempo de perturbação está chegando ao fim.

Ivanov joga uma ducha fria no corpo e veste uma bermuda limpa. Atira-se na poltrona. Agora sim, pode ligar para Ana.

Primeiro toque. Euforia carmesim. Terceiro. Quarto toque. Tensão. Ana Laura o atende. Fala e passa para as irmãs. Ana Luiza entrega a ligação para a mãe. Pulam as três meninas. Uma barulheira. Ouve a esposa. Ela coloca a mão no fone. Pede silêncio. As filhas sossegam o facho. Deixam a sala. Ele a cumprimenta novamente. Ela está com o peito arfante, o coração acelerado. Ele fala de sua tristeza, de vazios que precisa preencher. Ela engasga. Explica que sente muitos vazios e uma tristeza semelhante. Atropelam-se. Ana revela que também quer mudar. Que há uma mulher morando dentro da esposa, uma mulher presa no espelho. Ivanov desconhece a esposa ofegante e reconhece a mulher. O homem se arrepia com a revelação da mulher. Fala palavras de ternura. A mulher veste as palavras de ternura e gosta do vestido cintilante. Há verdade na oferta. Calor nas palavras. Os dois ouvem o som das águas. O rio enchendo, a volúpia voltando, o vestido rodando. Fitas e rendas esvoaçam. O homem fala com a mulher. Não há nenhum espelho entre eles. Nem ela é dele. Nem ele é dela. São. Homem. Mulher. Um rio de desejos. O homem ama a mulher sem deixar de ser o homem. A mulher ama o homem sem deixar de ser a mulher. Há fusão sem dissolução, sem desperdícios.

Quando ele a conheceu, ela não era esposa. Quando ela o conheceu, ele não era esposo. Eles sabiam quem eles eram. Sabiam exatamente o que queriam. Sonhar. Amar. E dialogar sem dominar a língua do outro. Sabiam até que o sabiá sabia assobiar. Sabiam. Sem um aprendizado específico. Ele só não sabia que, ao tornar-se esposo, deixaria de ser homem. Ela também. Só não sabia que, ao tornar-se esposa, deixaria de ser mulher.

Depois do casamento, o esposo desejou a mulher. A esposa desejou o homem. Mas foi uma decepção, um desencontro. O homem não encontrou a mulher. A mulher não encontrou o homem. Encontraram um abismo sutil e profundo entre eles. Mas, surpreendentemente, depois de tanta convivência sem o tanto de intimidade que eles sonharam para o casamento, ele ligou do Brasil, do país em que ela nasceu. Ligou para falar com a mulher. Ela esperou tanto aquela ligação. E ele foi tão ele. Belo, reunido, autêntico. Falou como na vez primeira. Ela o ouviu como no primeiro encontro. Ela fechou os olhos, mordeu os lábios e sentiu um arrepio percorrer-lhe a espinha. Os dois falaram o que desejavam falar. O que não era para ser falado e era para ser sentido também foi expresso. Com o sentimento.

O homem despediu-se da mulher.

A mulher despediu-se do homem.

A mulher ficou no ouvido do homem.

O homem ficou no ouvido da mulher.

Um ficou no outro.

Ivanov coloca o fone no gancho e, completamente relaxado, se esquece na poltrona.

...

O telefone toca. Samuel está na recepção, pede para que desça. Ivanov não tem pressa. Vai ao banheiro. Lava o rosto, penteia os cabelos e, com as duas mãos, bagunça os cabelos do homem do espelho.

— Assim não vale, Ivanov, você vai sair todo penteadinho e vai me deixar nesse estado!

— Pare de reclamar, você ficou mais moderno!

—Você já vai sair?

—Vou.

— E vai demorar?

— Não sei. Quer vir comigo?

— Quero.

—Te espero no quarto.

O homem do espelho veste a mesma roupa que Ivanov. Penteia os cabelos tal e qual. Como está dentro do espelho, não confere sua imagem. Pula para o banheiro. Vai para o quarto.

— Estou pronto. Ué, você não abriu o pacote e a sacola? Não vai ver a rede, as conchas, os sacos de feijão?

— É que está tudo tão bem embalado que nem dá vontade de abrir.

— E se você, a Ana e as meninas não gostarem do que o Renato escolheu?

—Tem razão. Vou abrir!

— Pode deixar que eu abro! Por que puseram tanto barbante neste pacote?

Os dois estendem a rede. Ivanov torce o nariz.

— Não é feia e nem maravilhosa. É bonitinha... Quer saber de uma coisa? Eu mesmo vou escolher uma rede para a Ana!

— É assim que se fala, Ivanov! Ah! Também tem as conchas para ver!

— Não precisa. Amanhã irei à praia e catarei conchas para as minhas filhas. De tudo isso aqui, só levarei os sacos de feijão.

— Perfeito.

Os dois ajeitam a rede num canto do quarto e descem. Samuel lê o jornal. Cumprimenta Ivanov. Entram no táxi. Vão direto para a Catedral. Os raios solares filtram as cores dos vitrais e tomam conta de toda a nave central. Os três caminham com respeito. Acomodam-se num banco, fazem o sinal da cruz e oram, como os pescadores lançam a rede ao mar. Introspectivo, o trio deixa a Catedral e desenha o rumo para o Mercado Central. Saem de um templo religioso e entram num templo do consumo. Samuel fala de sua esposa, das tantas namoradas que teve antes de se casar e que, num lugar assim, ele se lembra de cada uma delas a cada blusa, lenço, bolsa ou pulseira que vê. No entanto, afirma que comprará presentes apenas para a titular. Ivanov acha graça no comentário. Entende que amar é um exercício complexo para todo homem, toda mulher. Samuel encontra um amigo de infância e faz o maior carnaval. Apresenta-o a Ivanov:

— Este aqui é o Eli. Um *luthier* de primeira grandeza. São disputados a tapas os violinos e violoncelos que ele faz. O cara é fera! E o que você está fazendo por aqui, filho de Deus?

— Vim passear, Sami.

— E escolheu um lugar paradisíaco!

A conversa desanda. Ivanov fica perturbado com Eli, o primeiro *luthier* brasileiro que ele conhece. Não sabe como se comportar. É como se Eli tivesse lhe devolvido as mãos decepadas do estudante de piano que ele escondeu embaixo de um tapete do passado. Recebe suas mãos originais e as recoloca nos braços. Não entende direito o que acontece, nem sabe por que seus dedos estão agitados. Querem dedilhar em qualquer superfície que encontram. Quando criança, Ivanov estudou violino na escola e conheceu um *luthier*, o Dmitry. Ele sempre afirmava que a música precisa de cor, que o bom músico busca em sua paleta interior sentimentos vibrantes e suaves para colorir uma música. Ivanov sente saudade de Dmitry. Pede licença a Samuel e Eli.

Precisa fazer suas compras, afastar-se da perturbação, do *luthier* brasileiro. Por outro lado, o homem espelhado sorri de orelha a orelha. Aconteceu o que previa. Ivanov reencontrou a música, lembrou-se de Dmitry. A emoção é grande. Ivanov procura se distrair com as compras e depara-se com uma rede feita com um tecido que imita o chitão, com flores grandes e cores intensas. *É esta a rede da Ana. Tenho de levá-la.* Pede para embrulhar. Para as filhas, escolhe várias garrafas com areias coloridas. O artesão lhe explica como formar as paisagens e os desenhos com as areias. Uma loja minúscula chama a atenção de Ivanov. Vende apenas miudezas. São balaios e balaios de miudezas. Muitos com botões de diversos formatos e cores. Pede à vendedora para embrulhar exatamente duzentos e quinze botões. Também separa oito cinzeiros pequenos, todos de barro. A vendedora estranha a compra e escancara uma sonora gargalhada, sem nenhum pudor de chacoalhar o corpo à vontade. Samuel, finalmente, aparece. Convida-o para comer uma pamonha. E, de tão boa, os dois sentem a pamonha derreter na boca.

— Ué, Samuel, você não comprou nada?

— Ih, Ivan, além do Eli não parar de falar, só encontrei presentes que combinam com a minha oitava namorada.

— Fez bem em não comprar nada, Samuel. Sua esposa poderia ficar chateada com você.

— O pior é que ela conhece todo o meu passado. Você não sabe da missa a metade...

E retornam para o hotel onde Ivanov e o homem espelhado estão hospedados. Samuel nem desce do táxi, deixa o colega e segue para o seu hotel.

...

Quarto 215.

Ivanov e o homem espelhado ajeitam as compras num canto e cada um se joga numa cama. Desejo furta-cor. Ivanov ouve uma sinfonia de pensamentos velozes. Sua mãe se chamava Dimitrichka e seu pai, Sergei. Os dois eram temperamentais. Conversavam o essencial. Falavam muito somente quando brigavam. E adoravam incentivar os estudos. Foi Anastassiya, sua avó materna, esposa de Piotr, quem lhe deu o piano. Felizmente, continuou na família, na casa de seu irmão Rurik, pois o filho dele, Yerik, começou a estudar, e Ivanov lhe deu o piano. Há alguns anos, soube que o sobrinho só queria saber de física quântica e assuntos ligados à tecnologia. Mais um membro da família que interrompe os estudos musicais.

Ivanov abre os olhos e procura pelo amigo espelhado. Este sentou-se na cama e massageia os pés.

Ivanov vira de lado e volta para a dança das lembranças.

E se lembra que, em todos os feriados do Dia da Epifania, ele, o irmão Rurik, a mãe e o pai iam ao rio Pavlovsk tomar os tradicionais banhos gelados. A impressão que dava era a de que eles mergulhariam e nem sairiam da água. Virariam blocos de gelo ali mesmo. As gotas chegavam a congelar em suas sobrancelhas. Era um ato de bravura. E a música? Ninguém

75

entendeu quando comunicou que pararia de estudar piano. E se retomasse os estudos? Será que Yerik lhe devolveria, ou melhor, lhe daria o piano? Os minutos dançaram com incontáveis lembranças e...

— Ivanov! São quase sete horas. Vamos descer e esperar pelo Ednilson na recepção.

...

Ednilson é pontual. Estende a mão para Ivanov e comenta:

— A Júlia fez uma senhora caranguejada. Dá para alimentar um batalhão. Quero saber se você está com fome de leão?

Só então, Ivanov percebe o tamanho de seu apetite.

— Estou faminto, você se arrependerá de ter feito o convite.

Na verdade, Ivanov continua excitado, agitado. Começou a ouvir as escalas cromáticas, trechos inteiros, intempestivos, *allegro, moderato*. Seus dedos dedilham no painel do carro, no porta-luvas, no espelho retrovisor. O que fará quando estiver tocando e os sentimentos caudalosos chegarem? De repente, por trás, as mãos do homem espelhado pousam nos ombros de Ivanov e iniciam uma massagem, um arrasta-pé com as mãos, pra lá e pra cá, pra lá e pra cá. E as mãos massageiam a nuca, os cabelos, os lóbulos, e param.

Enquanto fala com Ednilson, Ivanov também fala consigo. Mão esquerda faz o acompanhamento e mão direita faz a melodia. Ivanov pergunta ao homem espelhado:

— Para onde você vai quando eu voltar para Moscou?

— Seguiremos juntos para Moscou. Farei amizade com seus reflexos e procurarei conhecer suas lembranças, seu verso, seu reverso.

A voz de Ednilson está longe:

— O Samuel me contou a quantidade de vezes que você foi ao Rio. Eu e a Júlia achamos que você venceu a Ana pelo cansaço. Aqui no Brasil, nós temos um provérbio assim: "Água mole em pedra dura tanto bate até que fura". Quando conheci a Júlia, senti que...

Ivanov se volta para o homem espelhado:

— Olha, nem sei como lhe agradecer. Obrigado por ter me perturbado na hora em que eu mais precisava de caos... Sinto que nós seremos bons amigos.

— Tenho certeza, Ivanov, de que viveremos uma aventura.

— E qual é seu nome?

— Pode me chamar de Consciência.

— Obrigado, Consciência.

...

E um silêncio que traz a satisfação nasce do instante.

...

— E você me ajuda a sentir a música do presente?

— Sempre.

...

E nasce o filho do silêncio que traz a satisfação. O silêncio que irrompe depois de um salto quântico, quando a cura arvorece, quando o amor chega com um ramalhete de certezas, quando já é possível ver a luz no final do túnel, a saída do labirinto.

...

Ednilson e a Consciência, como dois exímios músicos, param de falar no mesmo instante, em uma pausa bem ensaiada.

Ivanov aspira um perfume de lavanda e se distrai com o dedilhado que seus dedos improvisam no painel do carro. Tem plena consciência das músicas que deseja tocar, interpretar.

De repente, Ivanov sente vontade de recomeçar do ponto em que parou. Vontade de viver situações arriscadas, singelas. E que fome monstruosa! Sem ligar para nada, Ivanov abre as comportas de sua loucura particular e ri com as vísceras. É tomado por uma bobeira frouxa e ri com fartura de dentes e gestos.

Contagiado, Ednilson também desembesta a rir.

— Mas de que tanto você ri, Ivan?

— Nem sei, Ednilson. Acho que eu precisava de todos esses risos...

E riem mais, mais, completamente despreocupados com os motivos das risadas tolas, gostosas, desopilantes.

# 7

Ivanov repete sete vezes. De tanto comer caranguejada, passa mal. Júlia lhe faz um chá de boldo com casca de laranja e hortelã. Mateus e Guilherme, filhos de Ednilson e Júlia, pegam os violões e tocam uma música atrás da outra. Ivanov não aguenta nem olhar para a panela. Aliás, seria incapaz de olhar para a foto de um único grão de arroz. Logo explodiria. *Só aceitarei outro convite para uma caranguejada daqui a trezentos anos. E como os meninos tocam!* Ivanov está maravilhado com a poesia e a leveza da família. Adoraria que a Ana e as filhas estivessem ali com ele.

Sentam-se nos bancos do quintal. Ednilson apaga as luzes de fora da casa, para a lua banhá-los de prata. Eles e o arvoredo ganham um prateado afetuoso. E, para ampliar mais os sentidos, Júlia traz uma bandeja com as famosas licoreiras. Ivanov quer tomar novamente os de jenipapo e tangerina. Ednilson pede à Júlia:

— Vá até nossa despensa e pegue uma garrafa de licor para o Ivan levar para a Rússia.

— Obrigado, Ednilson, mas só aceitarei se a licoreira da avó da Júlia vier junto.

Júlia salta do banco e protesta:

— Nem pensar! As licoreiras e as compoteiras da vó Lidia não estão à venda. Por nenhum dinheiro do mundo.

Todos riem. Mateus e Guilherme guardam os violões nas capas e se despedem, isso só depois de tocarem as músicas que sabem de cor. Ivanov pensa em como está cada vez mais raro extrair amigos do cotidiano. Uma garimpagem. Encontrar diamantes em meio a colegas opacos.

...

Ednilson o deixa no hotel. Ivanov escova os dentes, coloca um short e pega uma água mineral no frigobar. Volta ao banheiro e, apreciando o espelho, brinda:

— À Consciência!

Ele e sua imagem erguem as garrafas.

A imagem responde:

— Saúde! À nossa consciência.

Uma paz inusitada beija Ivanov

E um imã o puxa para a cama.

Ele não opõe resistência e desaba no colchão. Procura manter-se acordado. *Que dia intenso! Que noite abafada!*

*Que luar! E quantos caranguejos no meu estômago! Poderia ter comido menos. Acho que comi por mim e pela Consciência. A cada hora me lembro de uma música antiga. E como eu e o Ednilson rimos! Nunca mais me esquecerei deste dia.* Ivanov está sem forças para raciocinar ou dançar com as lembranças. É nocauteado pelo cansaço. A escuridão chega e o engole. Ivanov dorme como uma pedra.

...

São quase nove horas quando acorda.

Como um ou outro caranguejo ainda ronda em seu estômago, Ivanov prefere comer frutas e beber água de coco. Uma sábia decisão. Imediatamente quebrada pelo cheiro da tapioca. Ela sorri faceira, pisca, joga charme. Ele não resiste. Come tapioca também. Conversa com o garçom, com um casal da mesa ao lado. E dedilha na mesa. Seus dedos desejam improvisar acordes, arpejos, saltos, tocar com vigor, e pianíssimo. Pede licença, sobe para o quarto. Liga às dez da manhã para o escritório do irmão e, por causa do fuso e do horário de verão, Rurik o atende em Moscou às dezessete horas. Depois de Rurik manifestar surpresa com a ligação, de cada um falar de sua família, Ivanov dispara:

— Quero voltar a estudar piano. Será que o Yerik se incomodaria em me dar o piano que ganhei da vovó Anastassiya?

— Você pode não acreditar, mas ele foi jantar em casa na semana passada e falamos sobre isso. Ele disse que eu e Yarianna poderíamos dar o destino que quiséssemos ao piano. Nem mencionamos seu nome porque não imaginávamos que você estivesse pensando em voltar a estudar, mas ele ficará feliz em saber que o piano voltará para você.

— Nossa, Rurik, você não tem ideia da notícia maravilhosa que está me dando agora. Precisamos nos ver com mais frequência.

— Verdade, Ivanov, verdade...

Conversam mais alguns minutos. Ivanov coloca o fone no gancho. Está eufórico. Esfrega as mãos. Caminha de um lado para o outro. Não cabe em si de tanta alegria. *Como é bom estar em outro país, ligar para a nossa terra natal e ouvir o nosso idioma.* De repente, os olhos de Ivanov pousam nos pacotes onde estão as duas redes. A que ele comprou no Mercado Central e a que Renato escolheu. No mesmo instante, ele se lembra de Ekaterina. *Claro! Darei a outra rede à camareira.*

Sai para o corredor. Ekaterina está nos últimos quartos, conduzindo um carrinho com toalhas e lençóis limpos. Ele se dirige até ela. Carrega a rede. Os dois se cumprimentam em russo.

— Pensei que o senhor tivesse ido embora.

— Irei hoje à noite.

— Ano passado, quando fui a Moscou, fiz escalas no Rio e em Paris.

— Meu itinerário será diferente. Farei escalas em São Paulo e em Frankfurt.

— Espero que o senhor faça uma excelente viagem. De preferência, sem turbulências.

— Vai correr tudo bem, Ekaterina.

— Vai sim.

— Gostaria de lhe deixar esta rede de presente.

Ekaterina sente ternura. Comove-se.

E, sem perceber, borda versos de gratidão:

— Obrigada, Ivanov, esta rede embalará os meus pensamentos secretos, as minhas lembranças de infância.

Ivanov fica feliz com a felicidade de Ekaterina, por ela ter retirado o senhor de seu nome. E ele a abraça. Um abraço que homem grande dá em avó de cabelos brancos.

Um abraço.

Um beijo.

E um tempo infinito.

Ivanov despede-se em português e volta para o seu quarto. Ainda olha para trás. A camareira o admira. Guarda aquele olhar em seu olhar. Instala a rede na varanda de suas certezas.

No quarto, pega o saquinho de conchas, algum dinheiro e toma o rumo da praia.

Ao pisar na areia, retira os chinelos e a camiseta. O mar não mais o estorva. O mar havia mudado dentro dele e ele havia mudado para o mar. Ivanov devolve para a orla as conchas compradas. Agora quer aprender a catar conchas gratuitas, reclinar-se diante delas, desvendar gestos simples. E ele cata conchinhas para as filhas. Apenas as que pedem para ser recolhidas. Cata conchas suficientes para satisfazer a brincadeira marítima das filhas. Nem mais e nem menos. Parece catar os cacos do espelho. Parece recompor a sua imagem fora do espelho. Sente a areia massagear-lhe os pés. Deita-se. A areia conversa com suas costas. E suas mãos acariciam a pele da orla, procuram as teclas brancas e pretas por entre os milhares de grãos. O sol escaldante aponta para o mar. E Ivanov corre para ele. Banha canelas, joelhos, coxas, barriga, peito, rosto, cabelos, e ri um riso úmido de felicidade. Um riso engasgado com a água salgada do mar. A música do mar tem muitos ritmos. A água, enfim, leva a estranheza. O sal da água transforma a estranheza.

Ele sai da água. Pega o saco de conchinhas, os chinelos, a camiseta. Caminha a esmo. Atravessa a avenida e se distancia do mar. Fazia tempo que não caminhava descalço pelas ruas. Sempre soube em que esquina virar e agora brincava diante das encruzilhadas. Escolhia sem escolher. Escolhia sem o pensamento. Apenas escolhia e dobrava uma esquina. *Origami* feito de instantes, tijolos, cimento. Ivanov para no meio de um quarteirão. Quer apreciar a porta alta de um casarão, uma criança correndo atrás de uma bola amarela, um homem cortando as unhas na janela. Veste a camiseta e entra em um restaurante simples. Almoça uma peixada de cavala. Bebe uma cerveja. Pensa em Ana, Ana, Ana, Ana. Paga a conta e continua a caminhar. E o Estrangeiro de alma caiçara caminha um trecho longo dentro de si. Distancia-se do hotel. Bate um sono bom. Nem sabe como retornar. Faz sinal para um táxi. Entra no carro e reconhece o taxista.

— Foi você que me contou a história de um tio que mora na borracharia com duas mulheres?

— Fui eu mesmo. Ah! Sabia que o estava reconhecendo. E foi você que me pediu para...

— Sim, fui eu que lhe pedi para ficar quieto! Pelo jeito, entrei em seu carro para ouvir o resto da história. Peço desculpa se fui grosseiro.

— Sei que falo demais. Nem todo mundo gosta. Mas até que hoje você está bem mais falante. O que houve?

— Ah, meu amigo, nem sei...

— Pode me chamar de Erivan.

— Pois é, Erivan, nem sei como lhe explicar. Às vezes, a gente descobre que só faltava pregar um botão, um botãozinho de nada, e depois que a gente o prega, tudo se renova. Está confuso?

— E quem não tem um botão para pregar aqui e ali; não é mesmo?

— E como... Bem, Erivan, me conte o que aconteceu depois que as duas mulheres do seu tio começaram a disputar quem cozinhava melhor.

— Rapaz, esse meu tio Bill é mesmo um maluco. Nem mais dava bola para os pratos que sua mulher e a ex preparavam. Caiu de amores por uma menina novinha de tudo, um pitéu, você precisava ver, e aí ele abandonou as duas na borracharia. Só sei que as duas mulheres traídas ficaram amigas e juntaram forças assim que descobriram este novo deslize do meu tio. E você pensa que a história acabou? Que nada! Elas entraram na justiça e arrancaram até o couro dele. Abriram um restaurante popular no espaço da borracharia. Dá pra bater uma boia esperta. Eu só ouço elogios dos passageiros. E tem mais! Elas não gastaram um centavo com mobília e decoração. Usaram pneus, calotas e capôs para fazer mesas, cadeiras e o balcão do bar. Até mantiveram nas paredes as ferramentas e alguns pôsteres de mulheres peladas, tudo para dar um tchã. O fato é que o restaurante caiu nas graças do povo, faz fila pra entrar. É o pipoco.

— E o seu tio Bill?

— Juntou os trapos com a tal menina e os dois sumiram do mapa. Foram atrás da felicidade. Até agora ninguém da família recebeu notícias.

— Tomara que eles estejam bem.

— É o que a gente espera...

— Chegamos, Erivan. Pode parar atrás da caminhonete.

Ivanov acerta a corrida. Agradece. Passa pela recepção e vê o Renato. Passa o cartão e vê a luz verde. Tem tempo de tirar um cochilo. E cochila na cama, demoradamente. Quando acorda, vê a vidraça da janela orvalhada de chuva. Uma pancada forte que logo passa. Ivanov se entretém com os pingos caindo. Assobia *O Lago dos Cisnes*, de Tchaikovsky. E se lembra de outros compositores russos que quer estudar. Prokofiev, Stravinsky, Rachmaninov. *Pronto! Chegou a hora de fazer a mala e voltar pra casa.* Ao terminar de ajeitar sua bagagem, vai até o banheiro:

— A minha mala também está pronta. Guardei todos os seus reflexos.

Ivanov se surpreende ao ouvir a voz da Consciência.

— E eles são pesados?

— Nada! Pesam poucos gramas. A chuva já passou?

— Já. Podemos ir. Nada mais nos segura no quarto 215.

Ivanov liga para a recepção e solicita um mensageiro para descer sua mala e duas caixas. Deixa a porta do quarto 215 encostada. Faz seu *check out*. Renato se incumbe de fechar a conta e somar as despesas extras. O gerente leva um susto ao observar Ivanov. O hóspede estrangeiro havia encaixado as peças, unido os elos. Havia brilho em seu olhar, uma história no rosto, uma presença que ele não tinha quando chegou ali. A Consciência presencia o assombro do gerente e pisca para Ivanov. O Estrangeiro de alma caiçara retribui a piscada e sorri para sua consciência. Essa, por sua vez, vai para a porta do hotel, contemplar as jangadas e o mar. Ednilson e Júlia chegam. Ficaram de levar Ivanov para o aeroporto. O quarto 215 fica para trás. No carro, Júlia pinça detalhes, investiga:

— Ivan, como é a Ana?

— Ah, Júlia, a Ana é como...

Ivanov nunca entendeu por que as mulheres gostam tanto de arqueologia e exploram os territórios alheios sem pedir licença. Difícil demais compreender por que elas sentem necessidade de pegar uma pá e escavar, escavar...

— Ela é como uma matrioska...

Ednilson sente o embaraço do amigo e joga uma boia salva-vidas:

— Ivan, nós trouxemos para você algumas partituras de piano. São de compositores brasileiros. Alberto

Nepomuceno, Villa-Lobos, Carlos Gomes e Ernesto Nazareth. O Guilherme pediu para lhe entregar um livro de poemas do Patativa do Assaré. Já o Mateus, escolheu um CD do Fagner.

Ivanov abre os presentes que a Júlia passa para suas mãos. Sabe que tocará aquelas partituras, que a Ana lerá em voz alta os poemas e ele a ouvirá atento, ao som de Raimundo Fagner.

E Ivanov embarca no horário previsto.

Faz escalas em São Paulo e Frankfurt. Nem pega seu *tablet*. Durante os voos, lê suas mãos e suas lembranças. Conversa com a Consciência. Dorme, faz as refeições, namora as nuvens e rascunha em seus pensamentos uma canção de coragem. É o que precisará a partir de então. Escrever um presente irreverente e amoroso para sua alma caiçara.

O pássaro de prata pousa em Moscou.

Ivanov acerta os ponteiros do relógio. Vai ao câmbio e troca os reais por rublos. Está em sua terra natal, parece um soldado voltando pra casa, um adolescente desbravando o mundo. Mas é só descer do avião para começar a colocar blusa de manga comprida, casaco, luvas. *Que frio abençoado!* E ele traz consigo o calor brasileiro para abraçar uma mulher brasileira, a mulher que ele escolheu para amar. Ana, Ana, Ana, Ana. Sua mulher e suas três pedras preciosas.

No desembarque, Ana e as filhas o aguardam. E o pai abraça as filhas. O homem abraça a mulher. Os cinco compõem uma flor de gente. O homem não encontra a esposa e nem a mulher encontra o esposo. E as filhas também. Elas não encontram o empresário. Encontram um pai desarmado. Um pai viajando a trabalho e vestindo feriado. A vida surpreende-se viva. Ana Luiza coloca uma medalha no pescoço do pai. Ana Laura lhe entrega uns croquis de vestidos que desenhou. Ana Clara e Ana dão risadas. Vão para o estacionamento. Ivanov assume a direção do carro. Ana, sentada ao lado, massageia as pernas de Ivanov. As filhas, no banco de trás, brincam com as conchinhas e observam, admiradas, as garrafas com as paisagens feitas com areia colorida. As filhas cantam. Ivanov conta a viagem para Ana, que encontrou o Samuel por lá, que o diretor de Fortaleza e sua esposa o trataram muitíssimo bem, que havia uma poltrona deliciosa no quarto do hotel, que a camareira era russa, nasceu em São Petersburgo, que passou mal de tanto comer caranguejo, que teve um acesso de risadas, que conversou muito com sua imagem refletida no espelho. E fala, fala, e Ana o ouve, ouve. O carro para em frente a uma lanchonete. O homem olha para a mulher. Ela sustenta o olhar, nem pisca. Ele olha com as vísceras. Ela olha com a alma. Beijam-se. As meninas aplaudem. O pai fica ruborizado. Descem do carro. O beijo ainda queima nos lábios de ambos e, num silêncio compartilhado, o homem comemora o reencontro com a sua boca. Entram na lanchonete. As filhas comem a poesia de um pai presente. A mãe está inteira. Reencontrou a mulher. Tudo deixa de ser estranho e estrangeiro. A vida tem asas grandes. Sabe sonhar. Reinventar o próprio voo. E como Ivanov está feliz! Ele não precisa gastar seu dinheiro para ter a admiração da mulher e das filhas. Ele pode ter dinheiro, sem precisar comprar o impagável. Ele pode apenas ser o que o espelho nunca conseguirá reproduzir. Ser o homem. O que ele sempre foi. Desde o princípio.

# 8

A manhã amanhece. O despertador dispara. Ivanov abaixa o pino e ri do equívoco. O despertador não precisaria ter tocado. É domingo e ele está em casa, deitado em sua cama. Sente frio. Ana puxou todo o cobertor. Ana empina o sonho. Ele quer que ela veja como a realidade está outra. Acorda a mulher com um beijo. A mulher une a linha do sonho à linha da realidade. Ela acorda com um sorriso embaixo do beijo. Ivanov oferece amor. Ana aceita o convite dos gestos. E retribui a carta escrita à mão, com as mãos. O amor veste os corpos, a cama, a existência desnuda.

Tomam um banho sem a intenção de se banhar, para desdobrar a carícia e um tempo feito e desfeito só para amar. E eles se enxugam com o ar. Com a toalha dos minutos. Voltam para a cama. Querem ficar largados, curtir preguiça. As mãos de Ivanov deslizam devagar pelos seios de Ana. Os poros estão em festa, eriçados. Ana sussurra:

— Adorei que você tenha espalhado os cinzeiros cheios de botões pela nossa casa.

— É para eu não me esquecer de te amar.

Ana fecha os olhos. Ivanov retira a vontade de amar dos incontáveis bolsos do corpo. Amam-se. Coincidentemente, ambos sentem fome. Destrancam o quarto e em silêncio vão para a cozinha, para não acordar as meninas. Fazem a mesa do café. Ana aproveita e enche uma bacia com água. Coloca o feijão de molho. Ela corta uma boa fatia de queijo e come com doce de caju. Ivanov lambe os dedos melados da mulher. Deliciada, Ana diz:

— Que guardanapo mais macio e eficiente...

Ivanov vê uma fruta vermelha na boca de Ana. Quer comê-la. Beijam-se. O incêndio se alastra. Correm para o quarto e refazem amor. Com desespero e felicidade. A fome aumenta e eles acordam as filhas tocando trombetas com as mãos. Os cinco tomam café com a poesia. Sem consultar ponteiros. É um domingo claro sem reunião. A ternura enfeita a mesa. A alegria tece variações no tecido cotidiano, uma sonata imprevisível, esplendorosa, escrita para encantar. Há uma outra moeda nos olhos de Ivanov. Uma moeda que o homem ganha sem trabalhar. Por merecer.

Por ser brincante e saber sorrir. E, desfeita a mesa, as filhas querem brincar na praça. Elas pedem para o pai. A mãe chora. Sem ninguém ver.

Ana chora porque sonhou com tudo aquilo.

Porque, nos tantos encontros que teve com a solidão, as suas lágrimas treinaram caligrafia no caminho do rosto, e ela aprendeu todo o alfabeto, lágrimas cursivas, lágrimas de forma, e, quando, de uma hora pra outra, e de um jeito inexplicável, ela se deu conta, estava completamente alfabetizada e familiarizada com a tristeza, e foi aí que aconteceu um momento incomum: todo o sentimento de vazio foi varrido, levado.

E é por isso que Ana chora.

Porque o inexplicável varreu o vazio. Porque Ivanov fala a língua das filhas. Porque Ivanov fala a sua língua como um nativo. Sem nenhum vestígio de sotaque. Sem saber como, Ivanov aprendeu. A pisar na terra. A desvendar os gestos simples. A sutil diferença entre ternura e brandura.

E no caminho para a praça, o celular de Ivanov toca. É o sobrinho.

— Oi, Yerik, que bom que você ligou... Sim, fiz boa viagem. Nem sei como lhe agradecer.

Ivanov troca um olhar ardente com Ana e diz para o sobrinho.

— Você tem razão, não faz sentido deixar um instrumento parado. Um instrumento que não espalha a música é como uma mulher que não ama, geme ou canta de felicidade.

Ana aperta a mão de Ivanov e chora abertamente.

Ivanov despede-se de Yerik. Desdobra-se em agradecimentos. Agora sim, tocaria Ana e piano. Por prazer, para existir com prazer. E os cinco chegam à praça. Fazem comida com grama, pedrinhas e barro. Fazem uma festa sem convites. Um banquete sem talheres, brilho e porcelana. Há outras crianças na praça. Outros pais. Outras mães. Uma revoada de sentidos. Todos participam do banquete. Todos entendem o convite que não precisou chegar. É mesmo uma festa. E, de repente, sem nenhuma necessidade de explicação, a existência amanhece.

Sim, a existência amanhece.

Para Ivanov.

Para Ana.

Para Ana Clara.

Para Ana Laura.

Para Ana Luiza.

## SOBRE O ESCRITOR E A OBRA

Tenho mais de 101 livros publicados. Em sua maioria, são livros para crianças e adolescentes. Às vezes, acontece de escrever para adultos. É raro, mas acontece.

Comecei a escrever *O estrangeiro no espelho* em Juiz de Fora-MG. Depois, continuei escrevendo-o no Rio de Janeiro. Hospedei-me no Hotel Imperial, no quarto de número 215, no bairro do Catete. A escrita do livro avançou no Aeroporto Galeão e prosseguiu num voo do Rio para Palmas-TO, com conexão em Brasília-DF. O livro anunciou a chegada de seu ponto final no Hotel Riviera, em São José do Rio Preto-SP, também num quarto de número 215:

a coincidência só foi percebida dois dias depois. Que ponto final que nada! A epopeia estava só começando. Escrevi trechos no Aeroporto de Paris, Charles de Gaulle, e numa viagem de trem, de Milão para Veneza. E tenho de confessar: fui diversas vezes a Vassouras, no Rio, e conheci educadoras e mulheres apaixonantes. Foram dezenas de papéis, guardanapos com anotações, frases dispersas, um quebra-cabeça fascinante. E é uma verdade: quem escreve, quebra a cabeça, fica com os miolos fervendo. Escrever é mesmo desesperador! Desestrutura e desnuda qualquer criatura.

Mas continuando: a revisão final e demais alterações foram feitas em minha casa, no Embu-Guaçu-SP. Em várias manhãs e algumas madrugadas. Na ocasião, pensei que *O estrangeiro no espelho* estivesse pronto e o deixei de lado para priorizar outros projetos. Mais outro engano. O livro morou mais de três anos na gaveta. Cresceu com a hibernação. Eu havia mudado, o livro pedia mudanças. Enfim, precisei reescrevê-lo. Novos detalhes surgiram. Os amigos

Gledson e Denise leram os originais. Disseram-me que era um livro adulto e não juvenil. Eu perdi o chão. Tive de recomeçar quase do zero. E foi a melhor coisa que fiz. Ouvir a sugestão dos amigos e fazer o texto renascer das cinzas. A escritora Fabiana Guimarães, cearense da gema, me ajudou um bocado, não teve preguiça de responder aos meus tantos e-mails curiosos sobre Fortaleza. As minhas queridas e antenadas agentes literárias, Balula e Júlia, da Agência da Palavra, agiram como verdadeiras biólogas-paleontólogas, fizeram mais de trezentos apontamentos no texto, um trabalho primoroso. E o que dizer de todos os profissionais da Editora Ideias & Letras? Foram maravilhosos e fizeram um excelente trabalho para que a edição saísse do jeitinho que nós queríamos. Quanto ao ilustrador Thiago Mazucato, o Mazuka, assim que saquei que o livro seria destinado ao público adulto, convidei-o para ilustrá-lo, ou melhor, escrevi muitas cenas pensando nas imagens mazuquianas. Ainda por cima, como

em todos os meus livros, contei com a Márcia Rizzardi, geralmente a primeira leitora e revisora de tudo o que escrevo, com quem troco figurinhas sobre questões gramaticais, fluidez narrativa, coerência e detalhes do enredo. Não há dúvida de que um livro escrito com felicidade só pode espalhar felicidade. É isso mesmo que eu espero, que este livro faça bem para os leitores. E muito obrigado pela companhia. Um brinde aos nossos sentimentos estrangeiros e caiçaras! Saúde! Ah! Só mais algumas palavras: espero que vocês percam muitos botões por aí...

Jonas Ribeiro

www.jonasescritor.com.br

Esta obra foi composta em CTcP
Capa: Supremo 250g – Miolo: couchê fosco 90g
Impressão e acabamento
**Gráfica e Editora Santuário**